Leo & Co.

Leichte Beute

AF720878

Ernst Klett Sprachen

Stuttgart

Bildnachweis
10, 29, 60.1, 60.2 Theo Scherling; **60.3** Tourismusbüro Melk; **60.4, 62, 63** Sabine Wenkums

Zu diesem Buch gibt es Audiodateien und Lösungen, die mit der Klett-Augmented-App geladen und abgespielt werden können.

Klett-Augmented-App kostenlos downloaden und öffnen	Bilderkennung starten und Seite mit diesem Symbol scannen	Medien laden, direkt nutzen oder speichern

Alternativ Audiodateien und Lösungen unter www.klett-sprachen.de/leo-und-co/audio downloaden. Code: LuCL8B2

1. Auflage 1 5 4 3 2 1 | 2024 23 22 21 20

Nachfolger von 978-3-12-606412-5
Alle Drucke dieser Auflage sind unverändert und können im Unterricht nebeneinander verwendet werden.
Die letzte Zahl bezeichnet das Jahr des Druckes. Das Werk und seine Teile sind urheberrechtlich geschützt. Jede Nutzung in anderen als den gesetzlich zugelassenen Fällen bedarf der vorherigen schriftlichen Einwilligung des Verlages.

© Ernst Klett Sprachen GmbH, Rotebühlstraße 77, 70178 Stuttgart 2020
Erstausgabe erschienen 2008 bei der Langenscheidt KG, München
Alle Rechte vorbehalten.
www.klett-sprachen.de

Autoren: Theo Scherling und Elke Burger

Redaktion: Sabine Wenkums
Layout: Kommunikation+Design Andrea Pfeifer
Illustrationen und Umschlagbild: Johann Büsen
Gestaltung und Satz: Doppelpunkt, Stuttgart
Tonregie: Theo Scherling und Sabine Wenkums
Tonaufnahme, -schnitt und -mischung: Andreas Scherling
Tonstudio: Frische Medien München und Grünton Studio München
Sprecher: Ulrike Arnold, Vanessa Daly, Jan Faßbender, Monika Hossfeld, Detlef Kügow, Theo Scherling, Jenny Stölken, Helge Sturmfels, Sabine Wenkums
Druck und Bindung: Elanders GmbH, Waiblingen

Printed in Germany

ISBN 978-3-12-674079-1

9 783126 740791

Leo & Co.

Leichte Beute

INHALT

DIE HAUPTPERSONEN DIESER GESCHICHTE:

Anna und Paco

Anna ist Studentin und jobbt in Leos Kneipe. Sie wohnt bei ihrer Oma.

Annas Freund heißt Paco. Leider haben die beiden immer viel zu wenig Zeit füreinander.

Aber zum Glück beginnen bald die Ferien. Anna und Paco möchten mit dem Fahrrad nach Wien fahren. Doch dann hat Annas Oma einen Unfall.

Gertrude Sommer

„Oma Trude" ist Annas Großmutter. Bei einem Unfall bricht sie sich den Arm. Ausgerechnet jetzt! Ihre Enkelin hat die Koffer schon gepackt. Ferien …

Leo

Leo ist Maler, aber er ist auch ein leidenschaftlicher Koch. Seine Kneipe „Leo & Co." ist ein gemütliches Lokal, in dem man gut und preiswert essen kann.

Leo findet, Anna soll in die Ferien fahren, und er macht ihr ein Angebot: Er kümmert sich um Oma Trude, gemeinsam mit einem Pflegedienst.

Rita Droste

Rita Droste betreibt mit einer Freundin den Pflegedienst „Pflegemobil“:

Die beiden Frauen kaufen ein, kochen, spülen, waschen, putzen, räumen auf ...

Elisabeth Neumann

Elisabeth Neumann ist Frau Sommers beste Freundin. Sie hat ein kleines Geschäft mit Schreibwaren, Zeitschriften und Süßigkeiten.

Elisabeth hätte auch gern so eine „Perle“ vom Pflegedienst wie Trude.

Felipe

Felipe ist Pacos Cousin, er ist 17 Jahre alt und er geht noch zur Schule, aber ungern.

Felipe ist supercool und in dieser Geschichte spielt er James Bond 007.

Benno

Benno wohnt bei Leo im Haus, über der Kneipe. Viel Miete muss er nicht bezahlen, denn Benno hilft, wenn Hilfe gebraucht wird. Und die wird ziemlich oft gebraucht.

1

„Mit dem Fahrrad? Ihr wollt mit dem Fahrrad bis Wien fahren? Ist das nicht viel zu weit?“
„Wir fahren nicht die ganze Strecke auf einmal, Oma. Wir teilen die Strecke in zwölf Etappen. Und wir machen natürlich viele Pausen, wir wollen doch Ferien machen.“
„Also, ich weiß nicht. Ich finde Urlaub am Meer am schönsten! Man steigt ins Flugzeug, fliegt in den Süden, fährt ins Hotel und lässt es sich zwei Wochen nur gut gehen.“
„Oma, wir sind doch noch jung! Wir wollen Aktivurlaub, ein bisschen Abenteuer und billig muss der Urlaub auch sein!“
„Dann müsst ihr ja in zwölf verschiedenen Hotels übernachten!“
„Na, und?“[1]
„Ich weiß nicht. Ist doch unbequem. Jeden Tag einpacken, auspacken, ankommen, wegfahren – die reinste Plackerei[2]. Und das sollen Ferien sein?“
„Wir nehmen sowieso nicht viel Gepäck mit. Es muss alles auf dem Fahrrad Platz haben!“
„Na ja, wenn ihr das so wollt. Ich wollte euch eigentlich nur einen kleinen Beitrag für die Ferien spendieren.“
Sie gibt ihrer Enkelin einen Briefumschlag.
„Nicht aufmachen! Jetzt nicht, erst wenn ihr unterwegs seid, sagen wir – in der Stadt Melk!“
Sie zeigt auf einen Ort auf der Landkarte und lacht.
Anna notiert auf dem Briefumschlag „In Melk aufmachen!“, bringt
Ü1 ihn in ihr Zimmer und legt ihn auf den Tisch.

1 *Na und?: ugs.* Und wo ist das Problem? Das macht doch nichts.
2 *die Plackerei*: eine schwere und anstrengende Tätigkeit, Schwerstarbeit

Wien - Pass

„Danke, Oma!“ Anna gibt ihrer Großmutter einen Kuss.
Auch Paco bedankt sich: „Danke, Oma Trude! Vielen Dank!“ Er gibt Frau Sommer einen Kuss auf die Wange[3].
Anna, Paco und Trude Sommer sitzen am Küchentisch.
Der Tisch ist voll mit Landkarten, Computerausdrucken und Notizen.

Oma Trude ist Annas Großmutter und sehr fit. Anna wohnt bei ihr. Sie studiert und bedient als Kellnerin in einem kleinen Lokal – damit finanziert sie ihr Studium. Das Lokal ist der Treffpunkt für alle Leute im Viertel.

Paco ist Annas Freund und lebt auch im Viertel. Anna und Paco planen ihre Semesterferien.
Sie möchten mit dem Zug bis Passau fahren und dann mit dem Rad nach Wien. In Wien wollen sie ein paar Tage die Stadt besichtigen und von Wien fahren sie dann mit dem Zug wieder nach Hause.
Die Reise dauert ungefähr zwei bis drei Wochen. Sie freuen sich
Ü2 sehr darauf!

„Schaffst du den Haushalt allein, Oma? Ich kann Leo oder Benno um Hilfe bitten. Was meinst du?“
„Ach was![4] Die haben beide genug zu tun! Ich schaff das schon. Und dann gibt es ja auch noch Elisabeth! Wir gehören noch lange nicht zum alten Eisen!“[5]
Elisabeth Neumann ist Frau Sommers beste Freundin.

3 *die Wange*: die Backe
4 *Ach was!*: hier: Das ist nicht nötig.
5 *zum alten Eisen gehören*: Redewendung: ein alter Mensch sein

2

An manchen Tagen hilft Trude Sommer ihrer Freundin Elisabeth im Laden.
Elisabeth Neumann hat ein kleines Geschäft mit Schreibwaren, Zeitschriften und Süßigkeiten. Eigentlich will sie den Laden verkaufen, aber sie findet keine Interessenten.
Heute hat der Großhändler schwere Pakete gebracht: Schreibpapier, immer 1000 Blatt, Briefumschläge, Schulhefte, Stifte, ...
Trude Sommer steht auf einer Leiter und sortiert die Sachen in ein Regal.
„Bei den Heften musst du aufpassen, Trude. Da gibt es karierte, linierte und ganz weiße. Am besten, du sortierst sie gleich."
„Gut, dann gib mir erst die karierten."
Trude Sommer dreht sich um, bückt sich und nimmt das nächste Paket.
Das Paket ist schwer.
„Hast du's?", fragt Elisabeth Neumann.
„Ja, gleich! Nein, warte ..."
Trude Sommer verliert das Gleichgewicht und fällt von der Leiter. › Ü3

„Trude! Trude! Ich helfe dir!" Elisabeth Neumann stellt die Pakete aus dem Weg und will Trude Sommer helfen.
„Aua! Nicht anfassen! Das tut schrecklich weh! Ich glaube, ich hab mir was gebrochen!"
„Nicht bewegen. Ich rufe Anna an!" Elisabeth Neumann geht in den Laden.

„Nein! Anna ist in der Uni, die hat jetzt eine Vorlesung. Das Handy ist bestimmt ausgeschaltet. Bitte ruf den Notarzt an, ich habe furchtbare Schmerzen.“

› Ü4
› Ü5

Der Notarzt kommt und bringt Trude Sommer ins Krankenhaus, in die Notaufnahme.
Dort muss sie viele Fragen beantworten: Geburtsdatum, Adresse, Familienangehörige, Religion, Hausarzt und natürlich: Krankenkasse. Dann untersucht eine Ärztin Frau Sommer genau. Danach wird sie von einem Krankenpfleger in die Röntgenabteilung gebracht.
Frau Sommer hat sich den rechten Arm gebrochen! An der Hüfte hat sie starke Prellungen, aber zum Glück ist sonst nichts gebrochen.

„Mensch, Oma, du machst vielleicht Sachen! Das tut mir so leid!"
Anna sitzt am Krankenbett. Sie hat die Nachricht vom Unfall auf ihrer Mailbox gehört und ist direkt von der Universität ins Krankenhaus gefahren.
„Wie ist das bloß passiert?"
Trude Sommer liegt im Bett, der rechte Arm ist in Gips.
„Das ging alles so schnell. Ich wollte ein Paket nehmen und dann bin ich irgendwie ausgerutscht. Gott sei dank ist es ja nicht so schlimm."
„Hast du Schmerzen?"
„Der Arm tut nicht so weh, aber die Prellungen sind sehr schmerzhaft. Ich kann mich kaum bewegen. – Ach, Kind, guck doch nicht so traurig, ich lebe ja noch!"
„Ich rufe schnell Paco an, er soll den Urlaub absagen."
„Nein, ihr fahrt auf jeden Fall! In zwei, drei Tagen bin ich wieder zu Hause!"

› Ü6

3

„Wann kommt Oma Trude nach Hause?"
„Morgen."
Anna ist müde.
„Keine Lust zu reden?"
„Entschuldige, Leo. Ich bin hundemüde[6] und mache mir Sorgen."
„Wegen Oma Trude?"
„Klar! Nächste Woche wollen wir in die Ferien fahren und ich weiß nicht, ob das richtig ist. Ich kann sie doch nicht allein lassen. Der Haushalt ist doch zu viel für sie allein."
„Wir sind schließlich auch noch da. Wir kümmern uns um sie, kaufen ein und mittags kommt sie zum Essen zu mir!"
Leo ist eigentlich Maler, aber vor ein paar Jahren hat er sein Hobby zum Beruf gemacht: Er ist leidenschaftlicher Koch! Ihm gehört das kleine Lokal „Leo & Co.". Anna arbeitet dort. Sie braucht das Geld für ihr Studium.
„Einkaufen und essen! Typisch Mann! Es gibt noch viel mehr zu tun: Betten machen, Wäsche waschen, die Wohnung sauber machen ..."
„Dann organisierst du eben einen Pflegedienst!"
„Wie, Pflegedienst? Du meinst, die machen das alles?"
„Ja, klar. Das ist doch das Wichtigste. Ein Pflegedienst kümmert sich um Kranke und Alte. Das bezahlt sogar die Krankenkasse!"

6 *hundemüde sein*: *ugs.* sehr müde sein

Es ist schon nach 23 Uhr. Leo schließt das Lokal und eine halbe Stunde später sitzen die beiden am Computer. Sie trinken einen
Ü7 starken Kaffee und recherchieren im Internet.

„Pflegemobil, guten Morgen. Wie kann ich Ihnen helfen?"
„Guten Morgen, ich hätte gern eine Auskunft."
„Aber gern. Was möchten Sie wissen?"
„Also, eine Freundin von mir, hm, die Oma meiner Freundin ..."
Es ist sehr früh und Leo kommt meistens erst um zehn in die Kneipe. Die Frühschicht machen immer Anna und Benno. Aber heute Morgen ist Leo schon seit acht im Lokal. Es ist wenig los und er hat Zeit zu telefonieren. Aber er ist noch nicht ganz wach.
„Ich fange am besten noch mal an: Eine alte Dame hat sich den Arm gebrochen. Heute kommt sie aus dem Krankenhaus. Sie braucht jemanden für den Haushalt."
Die Dame am Telefon antwortet lächelnd:
„Da sind Sie bei uns genau richtig!"
„Aha! Und ..."
Bevor Leo weitersprechen kann, erklärt die freundliche Dame ihren Service:
„Unsere Pflegehilfe umfasst alle Bereiche der hauswirtschaftlichen Versorgung, wie Einkaufen, Kochen, Reinigen der Wohnung, Spülen, Waschen der Wäsche und Kleidung und so weiter. *Pflegemobil* bietet Ihnen dabei hauswirtschaftliches Fachpersonal zur Versorgung Ihres Haushaltes."
Klingt wie aus dem Prospekt, denkt Leo.
„Prima! Und was kostet das?"
„Unser Honorar richtet sich nach den Pflegestufen[7]. Am besten kommen wir morgen vorbei und besprechen alles in Ruhe. Geben Sie mir einfach Ihre Adresse, ich meine, die Adresse der alten Dame ..."

7 *die Pflegestufe*: Begriff aus dem deutschen Gesundheitssystem. Man unterscheidet Pflegestufe I, II und III.

4

„Ring! Ring!"
„Anna!"
„Ich mach schon auf, Oma!"
„Guten Morgen, Frau Sommer! Mein Name ist Rita Droste. Ich komme von *Pflegemobil*."
Die junge Frau kommt in die Küche und stellt eine Tüte mit Brötchen auf den Tisch. Ein paar Blumen hat sie auch mitgebracht. Sie trägt weiße Arbeitskleidung.
„Pflegemobil?", fragt Trude Sommer unsicher.
„Ja, wir sind ein mobiler Pflegedienst. Haben Sie vielleicht eine Blumenvase?"
„Überraschung, Oma! Das hat Leo organisiert. Rita hilft dir im Haushalt und ich kann in die Ferien fahren!", flüstert Anna.
Dann gibt sie der jungen Dame eine Vase.
„Kommen Sie, ich zeige Ihnen alles!"
Sie zeigt der jungen Frau die Wohnung.
„Und das ist mein Zimmer, aber da müssen Sie ja nicht rein!", lacht Anna.
„Nein, nein. Am wichtigsten sind die Küche, das Bad und das Schlafzimmer Ihrer Großmutter. Ihr Zimmer müssen Sie schon selbst aufräumen!", lacht auch die junge Frau.

Sie kommen zurück in die Küche.
Trude Sommer versucht, ein Brötchen aufzuschneiden. Aber mit dem Gipsarm ist das nicht so einfach.

„Lassen Sie mich das machen, Frau Sommer!“
Rita Droste setzt sich an den Küchentisch und hilft.
„Ich geh dann mal! Bis später, Oma. Tschüs!“

Nach eineinhalb Stunden verabschiedet sich Rita Droste.
„Ich bin fertig, Frau Sommer! Den Müll bringe ich auch gleich runter."
„Ach, lassen Sie mal, Rita. Das kann doch meine Enkelin machen!"
„Kein Problem! Bis morgen!"

Trude Sommer hat die Zeitung zu Ende gelesen. Ab und zu hat sie Rita beobachtet, wenn sie gerade in der Küche gearbeitet hat. Jetzt steht sie auf und geht in ihr Schlafzimmer. Das Bett ist frisch bezogen, der Boden ist gesaugt und die Blumenvase steht am Fenster. Dann geht sie ins Bad. Es ist blitzsauber[8]!
Und in der Küche ist alles aufgeräumt. Nur ihre Kaffeetasse steht noch auf dem Tisch.
Sie nimmt die Visitenkarte und liest.
„*Pflegemobil*! Nicht schlecht fürs Erste ..."
Ü8 Trude Sommer ist sehr zufrieden.

Ü9

8 *blitzsauber*: *ugs*. sehr sauber, so sauber, dass alles glänzt und blitzt

5

„Habt ihr alles?“
Trude Sommer steigt über Rucksäcke und Taschen.
„Vergesst den Proviant nicht! In der Tüte sind Obst, Kekse und Mineralwasser.“
„Danke, Oma! Das reicht bestimmt bis Wien!“ Anna lacht und verstaut die Provianttüte in ihrem Rucksack.
Vor dem Haus wartet Veronika im Auto.
Sie hupt.
„Wir müssen los, sonst verpassen wir noch den Zug.“
Anna umarmt ihre Oma, nimmt den Rucksack und eine Reisetasche und geht zur Tür.
Paco ist schon im Treppenhaus.
„Oh, das hätte ich beinahe vergessen!“ Sie holt einen Schlüsselbund aus der Tasche, macht einen Schlüssel ab und gibt ihn ihrer Großmutter.
„Das ist der Wohnungsschlüssel. Für Rita. Und wenn was ist, ruf sofort an! Tschüüüs!“

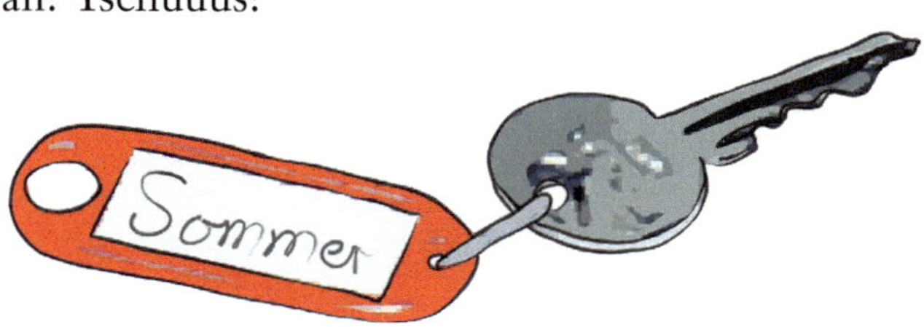

Veronika rast zum Bahnhof. Anna und Paco halten sich fest.
„Langsam, langsam, Veronika!"
„Wollt ihr euren Zug erreichen oder nicht? Ich warte schon seit einer halben Stunde und ihr quatscht[9] und quatscht!"
„Tut mir leid, aber mir ist immer noch nicht wohl dabei, dass ich Oma allein lasse ..."
„Jetzt macht ihr mal Ferien, wir passen schon auf Oma Trude auf. Bis wohin fahrt ihr heute eigentlich?"
„Bis Passau! Wir fahren mit dem Zug nach Passau, übernachten dort und morgen früh geht es mit den Fahrrädern weiter. Paco hat die Strecke genau geplant!"
„Und wo sind eure Fahrräder? Habt ihr die vorausgeschickt?"
„Nein! Die fahren im gleichen Zug mit. Ich habe sie gestern schon zum Bahnhof gebracht", antwortet Paco.
„So, wir sind gleich da! Schickt mir eine Karte aus Wien, da wollte ich schon immer mal hin ..."

„Hm, der Chef persönlich! Was haben Sie uns heute Feines gekocht, Leo?"
„Putengeschnetzeltes mit Reis und Gemüseflan!"
Leo serviert den beiden Damen, Trude Sommer und Elisabeth Neumann, das Mittagessen.
Seit dem Unfall essen sie jeden Mittag bei Leo. Frau Sommers Arm ist immer noch in Gips und mit der linken Hand kann sie kein Fleisch schneiden.
„Gemüse... - was?"
„Gemüseflan! Das geht ganz einfach: Karotten oder Zucchini kochen, pürieren und mit Milch und 2 Eiern verrühren. Das Ganze in kleine Schalen füllen und 20 Minuten im Wasserbad kochen."

9 *quatschen*: *ugs.* (viel und lange) reden, plaudern

„Köstlich! Einfach köstlich, Leo!"
„Na dann, guten Appetit!"

Nach dem Essen bestellen sich die beiden Damen noch einen Kaffee.
„Bist du immer noch so zufrieden mit deiner ‚Perle'[10]?", fragt Elisabeth Neumann.
„Und wie![11] Rita ist wirklich einmalig! Und stell dir vor, sie bringt mir immer was mit: Blumen, eine Zeitschrift, Kuchen, ..."
„Hast du ihre Handynummer dabei?"

Ü10

10 *die „Perle"*: *ugs.* jemand, der im Haushalt hilft, z.B. die Haushälterin oder hier: die junge Frau vom Pflegedienst
11 *Und wie!*: *ugs.* Ausdruck der Betonung und Verstärkung, hier: sehr

6

„Schrecklich! Wie ein kleines Kind! Ich muss wieder essen lernen ...“ Trude Sommer versucht mit der Gabel eine Nudel aufzuspießen. Seit gestern ist der Gips ab. Im Krankenhaus hat die Ärztin gesagt, sie soll viel üben. Aber das Essen fällt ihr noch schwer.
Mit ihrer Freundin Elisabeth sitzt sie beim Mittagessen.
„Ich habe keine Lust mehr! Möchtest du den Rest?“
„Nein, danke, Trude. Ich bin auch satt!“

„Hat es nicht geschmeckt?“ Leo kommt zum Tisch.
„Doch, doch. Aber mir tut der Arm weh. Ich muss noch üben.“
„Haben Sie schon Nachricht von den Urlaubern?“, fragt Leo und räumt das Geschirr ab.
„Ja, hier, eine Postkarte aus Melk!“
Trude Sommer nimmt die Postkarte aus ihrer Handtasche und zeigt sie Leo und Elisabeth.
„Aha, sie sind schon in der Wachau[12]. Schöne Gegend! Dann ist es nicht mehr so weit bis nach Wien.“
„Leider!“, seufzt Trude Sommer und lächelt.
„Wie meinen Sie das?“, fragt Leo.
„Wenn Anna zurück ist, werde ich nicht mehr so verwöhnt wie jetzt.“
„Ach so!“, lacht Leo und geht in die Küche.

12 *die Wachau*: die Donauregion zwischen Melk und Krems in Niederösterreich

„Und wie bist du zufrieden mit ‚der Perle', meine Liebe?", fragt Trude ihre Freundin.
„Ein Glücksfall! Seitdem Rita da ist, merke ich erst, dass ich alt bin."
„Was meinst du damit, Elisabeth? Geht es dir nicht gut?"
„Doch, doch. Diese junge Frau macht den Haushalt wie ein Wirbelwind[13]. Und ich brauche für alle Sachen immer länger. Wenn ich was suche, dauert das manchmal Stunden. Und dann finde ich es doch nicht. Vorgestern habe ich mein Portemonnaie gesucht, erst zu Hause, dann im Laden. Gestern Mittag habe ich es gefunden! Stell dir vor, es lag einfach auf dem Küchentisch. Tja, schade, dass Rita zur Zeit krank ist ..."
„Wir werden eben nicht jünger. Ich kenne das. Aber Rita ist bis
Ü11 Montag bestimmt wieder fit!"

Es ist 13 Uhr 30. Elisabeth Neumann öffnet ihren Zeitschriftenladen um 14 Uhr. Sie hat noch eine halbe Stunde Zeit und sucht noch einmal ihre Bankunterlagen. Sie braucht ihre Geheimzahl, wenn sie Geld abheben will.
Sie sucht im Schrank, wo sie alle ihre Dokumente hat.
„Mietvertrag, Versicherung, Bank - das sind ja die Unterlagen! Merkwürdig – vorgestern habe ich hier gesucht und nichts gefunden. Du wirst wirklich alt, Elisabeth! Aber zum Glück sind die Sachen jetzt da."
Elisabeth Neumann spricht mit sich selbst und notiert die Geheimzahl für ihre Bankkarte auf einen Zettel. Sie weiß, dass man das nicht machen soll. Aber sie kann sich Zahlen nicht mehr so gut merken.
Bevor sie den Laden öffnet, will sie schnell bei der Bank vorbeigehen.

13 *ein Wirbelwind sein*: *ugs.* ein schneller, temperamentvoller Mensch sein

Zur gleichen Zeit ordnet auch Trude Sommer ihre Bankauszüge. Nach dem Mittagessen ist sie zur Bankfiliale spaziert und hat ihre Kontoauszüge ausgedruckt. Das macht sie immer am Monatsende.

„Wann habe ich denn so viel Geld abgehoben? Am Fünfzehnten fünfhundert Euro. Das war der Tag, an dem Anna in Urlaub gefahren ist. Vor einer Woche wieder fünfhundert Euro? Und vor zwei Tagen dreihundert Euro! Das kann nicht sein.“

› Ü12
› Ü13

7

Anna und Paco sitzen in der Sonne. Das Wetter ist herrlich. Seit gestern sind sie in Wien. Sie machen Mittagspause auf dem Naschmarkt[14].

„Herr Ober, können wir zahlen?"

„Bitte sehr, die Dame, das macht dann 26 Euro!"

Der Ober kassiert und räumt den Tisch ab. „Besten Dank, die Herrschaften. Wünsche einen schönen Tag!"

14 *der Naschmarkt*: traditionsreicher Markt im Zentrum von Wien, auch beliebter Anziehungspunkt für Wien-Touristen

Schöne
Ferien

Als der Ober weg ist, sagt Anna: „Die Kellner sind hier viel freundlicher als bei uns, aber die Preise sind mindestens genauso hoch!"
„Stimmt! Ganz schön teuer! Wir müssen heute Abend mal unsere Kasse checken."
„Vielleicht müssen wir mit dem Fahrrad nach Hause fahren?"
Anna lacht.
„Keine Panik, mi amor![15] Das Zugticket haben wir ja schon und lange bleiben wir nicht mehr in Wien. Es kann also nicht viel schiefgehen."
„Und die gute österreichische Küche? Lesen wir die dann nur noch auf der Speisekarte?"
„Sag mal, wann dürfen wir denn den Umschlag von deiner Oma aufmachen?"
„Mensch, Paco! Den habe ich ja ganz vergessen! Warte, Augenblick ..."
Anna sucht in ihrer Handtasche. „Hier! Melk!"
„Melk? Da waren wir vor zwei Tagen!"
„Prima! Dann mache ich ihn jetzt auf."
„Ja klar! Ich bin sehr neugierig."
„Hm, merkwürdig. Sieht aus wie ..."
„Und? Was hat sie uns mitgegeben?"
„Nichts! Hier ist nur ein Zettel drin: *Schöne Ferien!*"
„Zeig mal! Tatsächlich. Humor hat deine Oma, das muss man ihr lassen!" Paco ist enttäuscht.
„Das ist nicht die Handschrift von Oma!" Ü14

15 *mi amor!*: *spanisch* meine Liebe!

Anna holt ihr Handy aus der Handtasche und wählt die Telefonnummer von Oma Trude.

„Sie ist nicht zu Hause! Sie ist doch immer zu Hause! Das Mittagessen ist bestimmt auch schon vorbei. Komisch …"
„Vielleicht bekommt sie heute ihren Gips ab?"
„Nein, das war gestern. Ich habe doch gestern Abend mit ihr
Ü15 telefoniert. Ich rufe mal Leo an."

Trude Sommer und Elisabeth Neumann sitzen bei Leo im Büro. Ab und zu tupft Frau Neumann mit dem Taschentuch eine Träne ab.
Trude Sommer hat ihren gesunden Arm um sie gelegt.
Leo hat einen Kalender und die Bankauszüge der beiden Damen vor sich auf dem Tisch liegen. Er vergleicht und notiert. Lange Zeit sagt er nichts.
„Also, Frau Sommer, das sind insgesamt 1.300 Euro in zwei Wochen, am Fünfzehnten, am Neunzehnten und am Sechsundzwanzigsten. Und bei Ihnen, Frau Neumann, sind es 2.000 Euro: Warum haben Sie denn so viel Geld abgehoben?"
„Wir haben doch gar nichts abgehoben! Das ist doch das Problem!"
„Wer ..." Leo zögert. Aber Frau Sommer unterbricht ihn:
„Es ist uns ein bisschen peinlich, Leo, aber könnte nicht Rita ...?"
„Rita? Vom Pflegedienst? Das kann ich mir nicht vorstellen!"

Leo betrachtet die beiden und sagt:
„Ich kümmere mich darum. Vielleicht habe ich Ihnen die Suppe ja eingebrockt ..."[16]
„Und, Leo, bitte kein Wort zu Anna!"

16 *jmd. eine Suppe einbrocken*: Redewendung: jemanden in eine schwierige oder unangenehme Situation bringen

8

In der Kneipe ist es ruhig. Leo und Benno haben ein bisschen Zeit und Leo erzählt.

„Woher hast du denn die Adresse von diesem Pflegedienst?“, fragt Benno.
„Die haben wir im Internet gefunden. Das war vor etwa zweieinhalb Wochen.“
„Und dann?“
„Dann habe ich angerufen. Warte mal, der Zettel muss noch irgendwo sein.“
Leo sucht. Überall kleben kleine Zettel mit Namen und Telefonnummern.
„Hier! *Pflegemobil*! Eine Handynummer.“
„Dann rufen wir doch einfach mal an und fragen nach Rita. Vielleicht löst sich alles auf und die beiden alten Damen haben das Geld doch selbst abgehoben. Vielleicht für eine Weltreise!“
Benno lacht.
„So einfach ist das nicht. Wir können doch nicht fragen: Haben Sie Geld von Frau Sommers Konto abgehoben?“
„Hast du eine bessere Idee?“
Jodeldühö! Jodeldühö! Jodeldühö!
Leos Handy klingelt.
„Mann, du darfst dir langsam mal einen anderen Klingelton downloaden[17]. Der ist ja noch aus der Steinzeit!“, lacht Benno.

17 *downloaden*: aus dem Englischen: etwas aus dem Internet herunterladen, z.B. Musik, Filme oder, wie hier, Klingeltöne für das Handy

„Psst!", zischt Leo. „Ja!", ruft er laut in das Mobiltelefon. „Anna! ... Gut, doch ihr geht es gut. ... Nein, ich weiß nicht, wann Rita zum letzten Mal da war. ... Ein leerer Umschlag mit einem Zettel? ... Du willst mir den Zettel faxen? ... Mach ich gern und euch noch eine schöne Zeit, tschüs!" › Ü16

„Schöne Grüße von Anna!"
„Danke! Wann kommen sie zurück?"
„In ein paar Tagen. Sie faxt uns einen Zettel."
„Aha, und warum?"
„Wir sollen die Handschrift auf dem Zettel mit den Zetteln vergleichen, die Rita für Frau Sommer geschrieben hat. Verstehst du?"
„Nicht so richtig. Ah, da kommt das Fax!"

Eine Viertelstunde später vergleichen Leo und Benno die Zettel von Frau Sommer mit dem Fax.
„Das ist die gleiche Handschrift! Hundertprozent! Das macht die Sache klarer!"
„Meisterdetektiv, kannst du das auch dem kleinen Benno erklären?"
„Oma Trude hat Anna einen Umschlag mit Geld für die Ferien mitgegeben. Aber der Umschlag war leer. Im Umschlag war nur dieser Zettel. Und das ist die Handschrift von Rita! Also ..."
„... hat sie das Geld geklaut! War es viel?"
„Zweihundert Euro!"
„Gemeinheit! Und jetzt glaubst du ..."
„Ich glaube erst mal gar nichts, ich vermute! Meiner Meinung nach funktioniert das so: Diese Rita arbeitet ein paarmal sehr ordentlich. Das schafft erst mal Vertrauen. Dabei lernt sie die Gewohnheiten

der alten Leute kennen: Haben die Geld im Haus? Wie oft gehen die zur Bank? Sind die schon ein bisschen tüdelig[18]? Und, und, und. Dann sucht sie die Bankunterlagen oder die Bankkarte, möglichst mit Geheimzahl. Das geht wahrscheinlich ganz nebenbei, beim sehr gründlichen Putzen beispielsweise. Und wenn sie fündig wird, probiert sie's halt, marschiert zum Automaten und hebt Geld ab. Die Beträge sind nicht sehr hoch und viele alte Leute schöpfen bestimmt nicht mal Verdacht. Sie sind ja eine leichte Beute. Und danach verschwindet sie spurlos. Glaub mir, die kommt nächste Woche bestimmt nicht wieder!" › Ü17

„Und was machen wir jetzt?"

„Ich glaube, wir können nicht viel machen. Die beiden Damen müssen wohl zur Polizei gehen ..."

„Polizei! Polizei! Der brave Bürger ruft immer gleich die Polizei! Gib mir bitte mal dein Handy."

Benno nimmt das Handy und tippt die Nummer von *Pflegemobil* ein.

„Was machst du?", fragt Leo erstaunt.

„Ich verfolge deine Spur!"

Am anderen Ende der Leitung meldet sich eine Frauenstimme.

› Ü18

› Ü19

18 *tüdelig*: *ugs*. ein bisschen unbeholfen, verwirrt oder vergesslich

9

„Da kommt sie!"
Eine junge Frau verlässt das Haus. Sie trägt Jeans, eine helle Bluse, Turnschuhe und eine große Sonnenbrille.
Sie geht zu einem schwarzen Auto und steigt ein. Die beiden jungen Männer auf dem blauen Motorroller sieht sie nicht.
„Wow! Die kann mich auch mal pflegen!"
„Quatsch nicht, bleib dran!" Benno klopft Felipe auf die Schulter.
„Im Verfolgen hübscher Mädels hab ich Übung!"
Die junge Dame fährt los und der blaue Motorroller fährt hinterher.

„Langsam! Sie hält an. Wo sind wir denn hier?"
„Berliner Straße."
Die junge Frau hält vor der Hausnummer 214. Sie steigt aus, nimmt einen Putzeimer und Plastikflaschen aus dem Auto. Dann zieht sie einen weißen Mantel an und geht rein.

Eine Dreiviertelstunde später kommt die junge Frau wieder aus dem Haus. Sie steigt in das Auto und fährt weg. Der blaue Motorroller fährt wieder hinterher.

„Mann, die fährt ja wie der Teufel!“, ruft Felipe und hat Mühe, das Auto nicht zu verlieren. Aber schon nach ein paar Straßen hält der schwarze Wagen wieder an.
Der Motorroller fährt weiter, erst hinter der nächsten Straßenecke hält er an.
„Friesenstraße 32! Puh, das strengt ja richtig an!“, sagt Benno mit Wackelknien.
„Nichts gewöhnt,“ grinst sein Begleiter. „Spannend! Wie bei James Bond.“
„Na dann, 007, steh nicht rum, sondern lauf und behalte die Dame im Auge. Aber ich denke, sie ist jetzt eine Dreiviertelstunde beschäftigt. “

Jodeldühö! Jodeldühö!
Benno holt das Handy aus der Jacke, genauer gesagt, das Handy von Leo.
Felipe meldet sich:
„Sie macht jetzt Mittagspause! Ich habe auch Hunger!“
„Wo bist du?“, fragt Benno.
„Gegenüber vom Haus ist ein Italiener.“
„Ich bin gleich da. Bestell mir schon mal eine ‚Pizza Margherita‘, bitte!“

Benno geht in das italienische Restaurant. An einem Tisch sitzen zwei junge Frauen. Die Blonde hat er am Tag zuvor zur Hauptstraße 74 gelockt. Anschließend ist er ihr bis zu ihrer Wohnung gefolgt. Benno hat kein Auto. Deshalb hat er Felipe um Hilfe gebeten. Der ist Pacos Cousin und hat einen Motorroller. Heute früh haben sie vor dem Haus auf die blonde Frau gewartet und die Verfolgung wieder aufgenommen.

Felipe sitzt hinten im Lokal. Auf dem Tisch steht schon die Pizza.
„Die Schwarzhaarige ist vor fünf Minuten gekommen. Wer ist das?“
„Vermutlich Rita. Hab ich mir schon gedacht, dass die zu zweit arbeiten. Aber jetzt essen wir mal ...“
Jodeldühö! Jodeldühö!
Das Mobiltelefon klingelt und die beiden jungen Frauen sehen sich um. Sie grinsen.
„Verdammt, dieser doofe Klingelton!“ Benno meldet sich:
„Ja? ... Ja, Leo! Ich hole sie ab, ganz bestimmt!“
Felipe flüstert: „Sie zahlen!“
Benno sagt ins Telefon: „Entschuldige, Leo, ich muss Schluss machen. Ich ruf später zurück.“ Und zu Felipe: „Hol den Roller, schnell, ich bezahle. Warte vor dem Lokal auf mich!“

Benno setzt sich wieder hinter Felipe auf den Motorroller und die Verfolgungsjagd geht weiter.
„Schneller, sonst verlieren wir sie!"
„Schneller geht's nicht! Oh, die halten vor der Bank!"
Rita steigt aus und geht schnell zum Bankautomaten. Nach ein paar Minuten steigt sie wieder ein und der Wagen braust los.
An der nächsten Bankfiliale hält das Auto wieder.
Diesmal gehen beide Frauen in die Bank. Benno steigt vom Motorroller und läuft hinterher.
Durch das Schaufenster sieht er, wie beide vor den Bankautomaten warten.
Dann geht er zurück zu Felipe. Im Vorbeigehen sieht er in den Wagen. Auf dem Rücksitz liegt eine Handtasche.
„Was ist los?"
„Sie sind in der Bank. Das dauert, vor jedem Automaten steht eine Schlange. Kannst du ein Auto knacken?"[19]
„Leichte Übung! Sofort?"
Ü20 „Nee, warte mal ..."

19 *ein Auto knacken*: *ugs*. ein Auto aufbrechen

10

Benno setzt seine Sonnenbrille auf und geht in die Bankfiliale. Rita und die Blonde sind gleich an der Reihe. Er beobachtet sie. Jetzt: Rita steckt eine Bankkarte in den Automaten und tippt von einem Zettel die Geheimzahl ab. Nach kurzer Zeit kommt Geld aus dem Automaten.

Dann nimmt sie eine andere Bankkarte und wiederholt den Vorgang.

Die Blonde steht neben ihr. Sie nimmt das Geld und steckt es in eine kleine Tasche.

Jodeldühö! Jodeldühö!

Alle Leute drehen sich um und sehen zu Benno, einige lächeln. Die Blonde erkennt Benno sofort. Sie zieht Rita am Arm und beide rennen aus der Bank. Im Eingang stoßen sie mit Felipe zusammen. Er fällt hin.

Benno hilft Felipe beim Aufstehen. Sie sehen nur noch, wie das schwarze Auto mit Vollgas davon fährt.
„Das war knapp!“, sagt Benno enttäuscht.
„Ziemlich!“, lacht Felipe und hält die kleine Tasche hoch.
Jodeldühö! Jodeldühö!
Ü21 „Willst du nicht endlich rangehen, die Leute gucken ja schon!“

„Anna!“
„Benno? Ich habe doch die Nummer von Leo gewählt! Was ...“
„Ich habe mir Leos Handy ausgeliehen. Seid ihr schon zurück?“
„Ja, gerade angekommen. Ich möchte gern nach Hause, aber Oma ist nicht da.“
„Soll euch jemand abholen?“
„Nein, danke. Wir haben doch die Fahrräder dabei!“
„Wie lange braucht ihr vom Bahnhof?“
„Hm, eine knappe halbe Stunde ...“
„Gut, dann treffen wir uns bei Leo, bis gleich.“

Benno und Felipe warten bei Leo.
Es ist schönes Wetter und sie sitzen auf der Terrasse und trinken Eistee.
Ein kleiner Lieferwagen kommt. Leo und Trude Sommer steigen aus. Benno winkt.
Leo trägt Kartons mit Lebensmitteln in die Küche. Trude Sommer kommt auf die Terrasse.
„Wie geht es, Frau Sommer?“, fragt Benno.
„Besser! Ich komme gerade von der Krankengymnastik, Leo hat mich abgeholt.“
„Von euch hat ja niemand Zeit!“, brummt Leo. Er setzt sich und trinkt von Bennos Eistee.
„Die Urlauber!“, ruft Felipe und läuft Anna und Paco entgegen.

Alle begrüßen sich. Es gibt Küsse und Umarmungen. Und Leo bringt ein neues Tablett mit Eistee.
„Schön, wieder zu Hause zu sein!“, lacht Anna. „Ich habe vom Bahnhof schon mal angerufen, aber du bist ja nie zu Hause, Oma!“
„Ich war bei der Krankengymnastik.“
„Aha. Ich komme nicht in die Wohnung, Rita hat doch meinen Schlüssel.“
Bei dem Namen „Rita“ verfinstern sich die Mienen von Oma Trude und Leo.
„Was ...?“
Bevor Anna nachfragen kann, zieht Felipe einen Schlüssel aus der kleinen Tasche:
„Sommer“ steht auf einem Zettel und die Handschrift kennen alle.

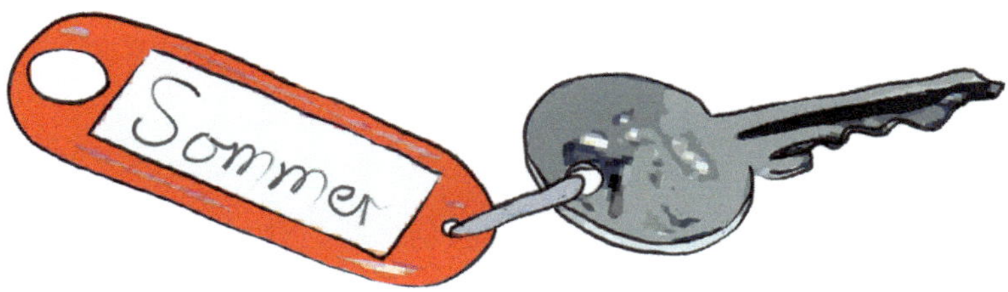

Zuerst hat Oma Trude ihren Teil der Geschichte erzählt.
Dann hat Leo seine Vermutungen zusammengefasst.
Und zum Schluss haben Benno und Felipe von ihrer Beschattung berichtet. Grob natürlich nur, nicht alles ...
„Aha, und diese Tasche habt ihr also ‚gefunden‘? So ganz zufällig?“
Leo hat den Inhalt der Tasche auf den Tisch gelegt: Bankkarten, einen Zettel mit Geheimnummern, noch zwei Wohnungsschlüssel und Geldscheine im Wert von exakt 2.500 Euro.
„Ehrlich, Leo, die lag da einfach auf dem Boden. Und zum Glück haben wir sie mitgenommen. Ich meine, wegen des Schlüssels ...“

„Gut, und da ihr natürlich ehrliche Finder seid, liefert ihr die Tasche bei der Polizei ab. Verstanden?“, sagt Leo streng.
„Klar!“, erwidern Felipe und Benno im Chor.
„Eigentlich schade!“
Alle richten ihre Augen auf Trude Sommer.

ENDE

KAPITEL 1

1 Was stellen sich Anna und ihre Oma unter schönen Ferien vor? Notieren Sie.

2 Was gehört Ihrer Meinung nach zu einer guten Reiseplanung? Notieren Sie Stichpunkte.

KAPITEL 2

3 Was sollte man in einer solchen Situation am besten tun? Kreuzen Sie an.

- ☐ erst einmal schimpfen
- ☐ abwarten und Ruhe bewahren, bis der erste Schock vorbei ist
- ☐ ignorieren, gleich aufstehen und weitermachen, es wird schon nichts passiert sein
- ☐ eine bequeme Lage einnehmen und sich ausruhen
- ☐ nichts riskieren, zur Sicherheit sofort einen Arzt rufen
- ☐ erste Hilfe leisten

4a Was ist richtig? Hören Sie und markieren Sie.

1. Frau Neumann telefoniert *mit dem Notarzt / mit der Notrufzentrale.*
2. Trude Sommer wohnt *am Marktplatz 12 / am Marktplatz 14.*
3. Trude Sommer hat sich wahrscheinlich *den Arm / das Bein gebrochen.*
4. Die Notrufzentrale braucht *die Krankenkasse und das Alter / den Namen und die Adresse* von Frau Sommer.

4b Hören Sie noch einmal und vergleichen Sie.

5a Was passt? Ergänzen Sie.

Freundin • Verletzung • Notarzt • Unfall • Fragen • Name Adresse • Schmerzen • aufgeregt • Sorgen • Leiter

„Notrufzentrale, Bohlen."

„Guten Tag, Neumann hier. Meine Freundin hatte einen ____________, bitte kommen Sie schnell!"

„Meine Dame, bitte bleiben Sie ruhig. Ich brauche Ihre ____________ und bitte wiederholen Sie Ihren Namen!"

„Entschuldigung, ich bin so ____________. Also, meine Adresse ist Marktplatz 12, Neumann."

„Und wo wohnt Ihre ____________?"
„Wieso?"
„Ich brauche die Adresse Ihrer Freundin, bitte!"
„Ach so, also die Trude wohnt auch am Marktplatz. 14, ich glaube, die Hausnummer ist 14."

„Und ihr ____________?"
„Neumann. Elisabeth Neumann."
„Nein, der Name Ihrer Freundin."
„Trude. Trude Sommer. Marktplatz 14, ja 14. Jetzt bin ich mir sicher."

„Danke. Welche ____________ hat Ihre Freundin?"
„Ich bin doch kein Arzt! Ich weiß nicht ..."
„Frau Neumann, diese Fragen sind wichtig. Je genauer ich den Notarzt informiere, desto besser kann er sich vorbereiten."

„Ach, Sie sind gar nicht der ____________________?"
„Nein, hier ist die Notrufzentrale. Wir leiten die Meldung weiter. Also, welche Verletzung hat Ihre Freundin?"

„Sie hat schreckliche ____________________ im Arm! Sie ist doch von der Leiter gefallen. Bitte kommen Sie schnell!"

„Machen Sie sich keine ____________________. Der Notarzt kommt gleich zu Ihrer Freundin."
„Was? Der muss zu mir! Der Notarzt muss zu mir! Hören Sie!"
„Sind Sie auch verletzt?"

„Nein, natürlich nicht! Diese ____________________ machen mich ganz wirr im Kopf! Trude ist bei mir von der ____________________ gefallen! Bei Neumann, Marktplatz 12! Kommen Sie ..."

5b Hören Sie noch einmal und vergleichen Sie.

6 Was macht man bei Ihnen, wenn ein Unfall passiert ist? Notieren Sie.

KAPITEL 3

7a Hören Sie und antworten Sie.

Welche Versicherung ist für die Pflege zuständig?

____

Wie unterscheiden sich Pflegestufe I und II?

____

Wann bezahlt die Krankenkasse eine Haushaltshilfe?

____

7b Hören Sie noch einmal. Lesen Sie und vergleichen Sie.

„Hier hab ich was!
Die Pflegestufen der Pflegeversicherung richten sich nach dem pflegerischen und dem hauswirtschaftlichen Hilfebedarf von mindestens 90 Minuten pro Tag (Stufe I) bzw. mindestens 180 Minuten pro Tag (Stufe II).
Das versteht doch kein Mensch!"
„Das heißt wohl, dass es verschiedene Pflegestufen gibt, und, ja, dementsprechend lange kommt der Pflegedienst pro Tag. Aber welche Pflegestufe hat deine Oma?"
„Keine Ahnung! Aber warte mal, das hier ist klarer:
Eine Haushaltshilfe wird ebenfalls von der gesetzlichen Krankenkasse bewilligt, wenn derjenige, der normalerweise den Haushalt führt, akut erkrankt ist oder in einem Krankenhaus stationär behandelt wird …"
„Das ist doch der Fall!"
„Warte, es geht noch weiter:
Voraussetzung dafür ist, dass keine andere im Haushalt lebende Person oder Verwandte den Haushalt weiterführen kann."
„Genau so ist es doch bei euch. Du bist nicht da, und dass du Ferien machst, muss ja niemand wissen. Prima! Dann bekommt ihr eine Haushaltshilfe von der Krankenkasse."
„Ich weiß nicht, Leo. Ich muss zuerst Oma fragen."
„Lass mal, Anna. Du gehst jetzt schlafen und ich suche morgen mal einen Pflegedienst."

KAPITEL 4

8 Was hat Rita alles gemacht? Notieren Sie.

9a Ordnen Sie das Telefongespräch und nummerieren Sie die richtige Reihenfolge

1 „Neumann!“

___ „Hallo, Trude. Ist was passiert? Ich komme doch in der Mittagspause vorbei!“

___ „Ja – nein. So genau weiß ich das auch nicht. Jedenfalls ist sie toll!“

___ „Neuigkeiten? Du bist doch gestern erst aus der Klinik gekommen und hast schon Neuigkeiten?“

___ „Ich habe eine ‚Perle‘! Eine reizende junge Dame. Rita heißt sie. Meine Wohnung blitzt! Also, unter uns, Anna hat noch nie so gründlich geputzt.“

___ „Nein, sie ist mehr eine Haushaltshilfe. Sie kommt von einem Pflegedienst.“

2 „Hallo, Elisabeth, hier ist Trude.“

___ „Pflegedienst? Du meinst, von der Krankenkasse?“

___ „Ich weiß, ich weiß. Ich habe Neuigkeiten.“

___ „Und was sagt Anna dazu?“

___ „Trude, ich hab Kundschaft. Lass uns nachher weiterreden. Was soll ich dir denn mitbringen? Ich mach den Laden um 12 zu, und dann geh ich einkaufen.“

___ „Du hast eine Putzfrau?“

___ „Anna und Leo haben das doch organisiert! Anna fährt ja morgen weg.“

14 „Musst du nicht! Rita kauft auch für mich ein! Und stell dir vor, sie hat heute frische Brötchen mitgebracht.“

9b Hören Sie und vergleichen Sie.

10a **Was möchte Frau Neumann wissen? Welche Informationen bekommt sie? Hören Sie und machen Sie Notizen.**

Fragen	Informationen

10b **Ergänzen Sie die Sätze.**

Frau Neumann ruft bei *Pflegemobil* an, weil ____________________

____________________.

Die Mitarbeiterin dort sagt, ____________________ und

____________________.

Frau Neumann möchte wissen, ____________________

____________________.

Die Mitarbeiterin fragt, ____________________

____________________.

Frau Neuman antwortet, ____________________

____________________.

Die Mitarbeiterin erklärt ihr, ____________________

____________________.

Frau Neumann fragt noch einmal, ____________________

____________________.

Die Mitarbeiterin antwortet, ____________________,

und möchte noch wissen, ____________________.

10c Lesen Sie und vergleichen Sie.

„*Pflegemobil*, guten Tag. Wie kann ich Ihnen helfen?"
Guten Tag, mein Name ist Neumann. Meine Freundin ist ganz begeistert von Ihrem Service. Ich hätte gern eine Auskunft."
„Bitte, was möchten Sie wissen?"
„Ich brauche jemanden für den Haushalt."
„Da sind Sie bei uns genau richtig! Wir kümmern uns darum!"
„Aha! Und was kostet das?
„Haben Sie eine Pflegestufe?"
„Wie bitte? Nein, ich bin nicht krank. Aber ich habe ja das Geschäft und da ..."
„Augenblick bitte! Wir machen die komplette hauswirtschaftliche Versorgung. Wir kaufen ein, kochen, reinigen die Wohnung, spülen, waschen und so weiter."
„Schön! Und was kostet das?"
„Unser Honorar richtet sich nach den Pflegestufen. Am besten komme ich morgen gleich vorbei und wir besprechen alles in Ruhe. Geben Sie mir bitte Ihre Adresse? Ach so, wie heißt denn ihre Freundin?"

KAPITEL 6

11 Antworten Sie.

Warum vergeht Frau Sommer der Appetit?

___

Was wird Frau Sommer vermissen, wenn Anna aus den Ferien zurück ist?

___

Wie beschreibt Frau Neumann „Alter"?

___

12 Die beiden Damen Neumann und Sommer haben Probleme mit ihren Bankunterlagen. Was für welche?

Frau Neumann:

Frau Sommer:

13a Hören Sie und ergänzen Sie.

„Sommer!"
„Trude! Hier ist Elisabeth."

„Meine ____________, was ist los? Du __________ ja ganz ________________."

„Bin ich auch, bin ich auch! Ich __________ kein __________ mehr! Es ist alles ________________!"

„Ruhig, Elisabeth, ____________ mit der ____________. Wo bist du?"

„Hier in der ____________. Ich wollte nur Geld ________________, aber es ist ____________ mehr da!"

„Wie ____________ du das, ‚es ist nichts mehr da'?"

„Mein ____________ ist ____________! Alles ____________!"

„Hast du deine ________________ ________________?"
„Nein, die habe ich doch dabei! Was soll ich denn nur machen?"

„____________ deine Kontoauszüge ____________ und komm zu Leo. Ich bin in zehn Minuten auch da. Bis gleich!"

13b Hören Sie noch einmal und vergleichen Sie.

KAPITEL 7

14 Von wem ist der Zettel, wenn nicht von Annas Oma? Und wie ist er in den Umschlag gekommen? Was glauben Sie? Schreiben Sie.

Wahrscheinlich … / Der kann nur von … sein / Es könnte sein, dass … / Ich habe da eine Idee … / Da gibt es mehrere Möglichkeiten: … / Also, ich glaube …

15a Welche wichtige Information bekommt Anna von ihrer Oma? Hören Sie und antworten Sie.

15b Was passt? Ergänzen Sie.

„Leo! Hier ist Anna! Weißt du, wo Oma ist?" • „Ach, dann hat Paco einen Scherz gemacht. Alles o.k. bei dir?" • „Uns geht es gut! Wir sind schon in Wien. Geht es Oma auch gut?" • „Ich weiß, Oma. Wir haben doch gestern Abend telefoniert. • Ich wollte mich nur schnell bedanken für den Umschlag und den lustigen Zettel!"

„Ja!"

____

„Hallo, Anna. Ja, die ist hier, mit Frau Neumann. Wo seid ihr, Anna? Alles in Ordnung bei euch?"

____

____

„Natürlich! Warte, ich geb sie dir! - Anna!"
„Ja, hier ist Oma. Wie geht es euch, mein Kind?"

„Oma, das Telefonat mit dem Handy ist sehr teuer. ______________

____

„Ich habe zweihundert Euro reingetan, keinen Zettel! Was für ein Zettel?"

____

„Ja, ja. Gestern haben sie den Gips abgemacht."

____

Wir sind ja in ein paar Tagen wieder zu Hause!
Grüß bitte alle und ich meld' mich wieder,
tschüüs!"

15c **Hören Sie noch einmal und vergleichen Sie.**

KAPITEL 8

16 **Welche Fragen stellt Anna? Schreiben Sie.**

17 **Fassen Sie Leos Vermutung zu Ritas „Arbeitsweise" kurz zusammen.**

mit guter Arbeit erst einmal Vertrauen schaffen – ...

18 **Benno ruft bei *Pflegemobil* an. Wie will er Leos Spur verfolgen? Entwerfen Sie ein Telefongespräch.**

Pflegemobil, guten Tag. Wie kann ich Ihnen helfen?

19 Hören Sie und vergleichen Sie den Hörtext mit Ihrem Gespräch von Übung 18. Was ist ähnlich? Was ist ganz anders?

„*Pflegemobil*, guten Tag. Wie kann ich Ihnen helfen?“
„Guten Tag, ich hätte gern eine Auskunft.“
„Aber gern. Was möchten Sie wissen?“
„Meine Mutter braucht jemanden für den Haushalt.“
„Da sind Sie bei uns genau richtig! Wir übernehmen das! Unsere häusliche Pflegehilfe umfasst alle Bereiche.“
„Ich weiß, ich weiß, man hat mir Ihren Service empfohlen. Könnten Sie heute Nachmittag vorbeikommen?“
„Moment, ich seh mal in den Kalender. Hm, gegen drei?“
„Passt perfekt! Also, die Adresse ist Hauptstraße 74, und der Name ist ...“

ähnlich:	ganz anders:

KAPITEL 9

20 **Was ist passiert? Fassen Sie die Ereignisse von Kapitel 9 zusammen.**

KAPITEL 10

21a **Welche Beobachtungen macht Benno in der Bank? Notieren Sie.**

21b **Lesen Sie noch einmal die letzten Abschnitte von Kapitel 8. Hatte Leo mit seinen Vermutungen recht?**

Ja, ich denke schon, ...

Nein, nicht wirklich, ...

A DER DONAURADWEG VON PASSAU NACH WIEN

1 Der Donauradweg von Passau nach Wien ist einer der beliebtesten Radwege Europas. Recherchieren Sie im Internet, z.B.: www.radtouren.at/de/radwege/genussradtouren/donauradweg.html, www.radfahren.at/donauradweg.html, www.donau-radweg.info (oder in einem Reisebüro) und notieren Sie:

- drei Informationen, die den Radweg so reizvoll machen.

____

- wie lang diese Radtour ist.

____

- welche Stadt „die Dreiflüssestadt“ genannt wird: Passau, Melk oder Wien. Warum?

____

- die Stadt, die für ein großes Stift (Kloster) berühmt ist, das hoch über der Donau thront: Passau, Melk oder Wien.

____

- in welcher Stadt es die größte (Dom-)Orgel der Welt gibt: in Passau, in Melk oder in Wien.

____

B WIEN UND DIE WIENER

2a Lesen Sie die beiden Texte. Wie werden die Wiener hier charakterisiert? Markieren Sie die Merkmale und fassen Sie zusammen.

Wiener
Sie sprechen gern
ein wenig schlecht voneinander.
Aber sie verhalten sich skeptisch
zu der schlechten Meinung,
die sie vom anderen haben.
Das stimmt sie gewöhnlich versöhnlich.

Friedrich Bergammer